PÁSSAROS NÃO PODEM VOAR SOZINHOS

Editora Appris Ltda.
1.ª Edição - Copyright© 2022 da autora
Direitos de Edição Reservados à Editora Appris Ltda.

Nenhuma parte desta obra poderá ser utilizada indevidamente, sem estar de acordo com a Lei n° 9.610/98. Se incorreções forem encontradas, serão de exclusiva responsabilidade de seus organizadores. Foi realizado o Depósito Legal na Fundação Biblioteca Nacional, de acordo com as Leis n°s 10.994, de 14/12/2004, e 12.192, de 14/01/2010.

Catalogação na Fonte
Elaborado por: Josefina A. S. Guedes
Bibliotecária CRB 9/870

S684p
2022
	Sola, Mariana Lopes
	    Pássaros não podem voar sozinhos / Mariana Lopes Sola. - 1. ed. - Curitiba: Appris, 2022.
	    97 p. ; 21 cm.
	
	ISBN 978-65-250-3362-4
	
	1. Poesia brasileira. 2. Luto. I. Título.
	
	                                                                CDD – 869.1

Editora e Livraria Appris Ltda.
Av. Manoel Ribas, 2265 – Mercês
Curitiba/PR – CEP: 80810-002
Tel. (41) 3156 - 4731
www.editoraappris.com.br

Printed in Brazil
Impresso no Brasil

Mariana Lopes Sola

PÁSSAROS NÃO PODEM VOAR SOZINHOS

Appris
editora

FICHA TÉCNICA

EDITORIAL	Augusto V. de A. Coelho
	Marli Caetano
	Sara C. de Andrade Coelho
COMITÊ EDITORIAL	Andréa Barbosa Gouveia (UFPR)
	Jacques de Lima Ferreira (UP)
	Marilda Aparecida Behrens (PUCPR)
	Ana El Achkar (UNIVERSO/RJ)
	Conrado Moreira Mendes (PUC-MG)
	Eliete Correia dos Santos (UEPB)
	Fabiano Santos (UERJ/IESP)
	Francinete Fernandes de Sousa (UEPB)
	Francisco Carlos Duarte (PUCPR)
	Francisco de Assis (Fiam-Faam, SP, Brasil)
	Juliana Reichert Assunção Tonelli (UEL)
	Maria Aparecida Barbosa (USP)
	Maria Helena Zamora (PUC-Rio)
	Maria Margarida de Andrade (Umack)
	Roque Ismael da Costa Güllich (UFFS)
	Toni Reis (UFPR)
	Valdomiro de Oliveira (UFPR)
	Valério Brusamolin (IFPR)
SUPERVISOR DA PRODUÇÃO	Renata Cristina Lopes Miccelli
ASSESSORIA EDITORIAL	Tarik de Almeida
REVISÃO	Josiana Aparecida de Araújo Akamine
PRODUÇÃO EDITORIAL	William Rodrigues
DIAGRAMAÇÃO	Bruno Ferreira Nascimento
REVISÃO DE PROVA	Bianca Silva Semeguini
CAPA	Daniela Baumguertner
COMUNICAÇÃO	Carlos Eduardo Pereira
	Karla Pipolo Olegário
	Kananda Maria Costa Ferreira
	Cristiane Santos Gomes
LANÇAMENTOS E EVENTOS	Sara B. Santos Ribeiro Alves
LIVRARIAS	Estevão Misael
	Mateus Mariano Bandeira
GERÊNCIA DE FINANÇAS	Selma Maria Fernandes do Valle

Ao meu passarinho e a todos os outros passarinhos que no céu encontraram um novo caminho.

AGRADECIMENTOS

Desde pequena sempre gostei de escrever e me sentia à vontade com as palavras, pois elas me expressavam, mas não imaginava que elas pudessem se concretizar em algo repleto de tanto amor e carinho como este livro.

Quero agradecer primeiro à vida, por propiciar momentos de inspiração, me conectar com pessoas muito especiais e que me ajudaram durante esse meu breve tempo de existência, e por todas as oportunidades e momentos felizes.

Além da vida quero agradecer à minha família e amigos, pois são a fonte de todo o amor que existe dentro de mim, e que espero ter deixado transparecer pelos versos e rimas dos poemas.

E, por último, e mais importante, quero agradecer ao meu avô, meu eterno passarinho. Vovô, você foi e sempre será o meu eterno presente, meu coração pertence metade ao senhor e espero que consiga ler/ouvir cada palavra, pois elas foram inspiradas nos momentos que vivemos juntos, além das coisas que vivi depois que você voou.

Espero que este livro possa encantar, embelezar e transmitir toda leveza que a vida pode nos dar.

Que a sua jornada comece, prepare-se para voar...

*Os poemas são pássaros que chegam
não se sabe de onde e pousam
no livro que lês.
Quando fechas o livro, eles alçam vôo
como de um alçapão.
Eles não têm pouso
nem porto;
alimentam-se um instante em cada
par de mãos e partem.
E olhas, então, essas tuas mãos vazias,
no maravilhado espanto de saberes
que o alimento deles já estava em ti...*

(Mário Quintana)

SUMÁRIO

PARTE 1
O primeiro voo, o recomeço........................15

O que dizer da vida ?...............................17
Sou eu ???..19
Seja..23
Encontrar-se..25
Caracterizando o ser................................27
Olhe para si..29
Expressões do coração...............................31
Contradições..33
Tempo...35
Mina de ouro..37
Antigo eu...39
Azul como o mar.....................................41

PARTE 2
Descobrindo o que está além.........................43

Onde foi parar a vida?..............................45
Busque-o..47
Olhos atentos.......................................49
Mentes pensantes....................................51
Dias como ontem.....................................53

Encontros ao acaso. 55
Ir e vir 57
Eis um poema. 59
Rouxinol 61
O pouso de um sabiá 63
Raiar do dia 65
E se ela tivesse asas para voar? 67
Manhã. 69
Caminho. 71
O desabrochar da flor. 73

PARTE 3
De volta ao ninho. 75

Dominó. 77
A moreninha linda 79
Lembranças. 81
Memória a se recordar. 83
Semente. 85
Despedida 87
Passarinho. 89
Pássaros não podem voar sozinhos 91
A última meia-noite. 93
Meu passarinho 95

MEU PASSARINHO
Vovô Adalberto. 97

Comecei a escrever poemas.

Não, na verdade não.

Comecei a escrever o que sentia.

E foi então que eu descobri,

que o que eu escrevia era poesia.

PARTE 1

O PRIMEIRO VOO, O RECOMEÇO

O QUE DIZER DA VIDA?

Ó tempo o que fizeste?
Se passa tão rápido enlouquece,
Se tardar a chegar entristece
Por que hei de pensar em ti
Se nem tempo existe para pensar?

Tento assim entrar dentro de mim,
Mas por mais profundo que eu vá,
parece nunca ser o bastante para encontrar o fim,
presumo que será assim
pois o espaço entre "mim" e você,
é menor do que o amanhecer,
enfim deixo-te amanhecer em mim.

A luz do raiar do dia,
Soa a linda melodia,
a vida que começa a sorrir
passa despercebida sem ter para onde ir,
corro, ando, concentro, como, durmo,
então desapareço, me encolho em mim
guardo tudo na mente e a solidão nunca está tão ausente
se esconde no canto e lá não se sente
então aparece assim de repente.

E como hei de encontrar o eu
que tanto se esconde?
Onde procurar, se é tão difícil se reconectar?
Cadê você que de medo se esconde de si?
Como recomeçar e que caminho seguir?

Ó vida que de beleza
Por si já se basta,
Só resta encontrar a beleza
que existe dentro de si mesma,
valorize sua grandeza
guarde essa pureza
quem sabe toma coragem e a mostra para o mundo?

Mas então, é melhor guardar o seu coração,
o que é seu de mais precioso,
que não deve envergonhar-se,
mostre a verdade e não se apavore
o medo já irá logo, logo,
silencioso, de dentro para fora, se vai
e só fica na memória,
a vida que se vai embora.

SOU EU???

Batida, som, movimento, não para
O som, a vida, o dia
Cadê????
O que se vê?
Quem é você???

Para onde você vai?
O que você quer?
Qual será o seu futuro?
Responda, só responda e esteja preparado
Prepare-se, corra, você não tem mais tempo

Se apresse, a vida anda
Siga, levante e estude
Seja um robô e apenas aceite
Não importa, faça e veja
Diga sim e concorde

Não seja você,
seja o que os outros querem que você seja
minta, engane, destrua
não fale nada, nem precisa
seus olhos já dizem tudo

Falo por mim
Porque aqui dentro
Ainda bate um coração
Que sente cada transformação

Solto as cordas da marionete
para desinstalar o programa que me coordena
Livre, para sempre?
Não sei, só sei que nesse instante sim
Sinto o mundo mais leve
E por esse instante eu posso me controlar

Entrego-me ao mundo
Leve, sem forças atuando sobre minha mente
Sem pessoas dizendo o que devo fazer
Ou quem devo ser
Sem preocupações ou ansiedade
Só eu, e meus pensamentos

Não sei o que quero ser
Sei que quero ser
Mas o que?
Ou melhor quem?
Que a vida me ensine
Mostre o caminho e em meio ao desconhecido
Possa me encontrar verdadeiramente

Dentro, lá dentro

Está algo que tenho vergonha de mostrar
Meu coração e minha alma
O que sinto e
Quem verdadeiramente sou

Só ???
Ou sou ???
Serei ???
Ou hei de ser ???
Quem sabe ??? deixo tudo
Para me reencontrar
Me redescobrir
E ser, simplesmente

SEJA

Expandindo a mente
Encontram-se desejos do coração
Que permeiam dias e dias
navegando no subconsciente

Dentre mares
Com correntezas
Que o conduzem para longe
E despertam a mudança

O que há de mais grandioso
Em ser
É encontrar a paz em si
É viver, ser amor

Sentir a leveza com que o vento empurra
E para frente segue o caminho
Encontrar um sentido para viver

ENCONTRAR-SE

De repente tudo se esvazia
Dilui-se
Entra em desuso
E cai no esquecimento

Fora-se o tempo
De encontrar-se
O essencial só é lembrado
De forma tardia

A noite se vai
E o dia chega
O ontem já foi
E espero por mais uma manhã
Que nascerá

Mas onde está
O que se há de achar
Ninguém sabe
É preciso buscar incansavelmente
Até se deparar
Com algo de tanto valor quanto a mente
O coração

CARACTERIZANDO O SER

Querer ser de dentro para fora diz tanto sobre esse ser.
Que busca sentir mais do que tentar absorver .
Refletir mais do que dizer.
Observar mais do que aparecer.

Aquele olhar compreensivo de quem ouve e sente com o mesmo coração,
Que toca a melodia da vida ao caminhar com passos incertos,
E que esconde na timidez, pedaços de si.

Mas quando permite conectar-se verdadeiramente
forma laços para a vida inteira.
Aquela pessoa que se pudesse tirar toda dor de quem se ama,
o faria sem duvidar

Diz que não gosta de abraços,
é que ela os prefere nos momentos inesperados.
Quando eles abraçam a alma
e não só o ser.
Quando eles acalmam e acolhem
de uma vez.

Traz em si ventania e calmaria em dose extra,
com voz serena, mas que esconde momentos de dor.
Olhos calmos e coração pulsante,
há quem diga que assim a vida é mais emocionante,
mas talvez seja apenas o jeito que ela
escolheu viver.

OLHE PARA SI

O reflexo no espelho
não condiz com o que se carrega por dentro
talvez ser seja muito mais do que se aparenta

O que se vê
não é o que realmente se é
e sim uma representação
de parte do que se guarda por dentro

Os cacos de vidro condizem melhor
com as marcas que o tempo deixou
e com as cicatrizes da alma

Não há nada como o coração
Não há nada como a mente
Não há nada como ser
Ser de dentro para fora
Até a aparência transparecer o coração

Recompor os estilhaços
colando caco com caco
e na imperfeição da obra de arte
tornar-se parte de quem se é

EXPRESSÕES DO CORAÇÃO

Olhos seguem por aí
Encontram cantos e outros olhos
Caminhos e novas direções
Constantes mudanças
levam a enxergar além do que se é

Não querer se deixar cegar pela cegueira do mundo
e sim, querer ver além do preto e do branco
Além da chuva e dos dias nublados
desejar o que há de melhor
viver e renascer dentro de si
A esperança e a felicidade

Conexões mostram que dois corpos
Podem estar relacionados e
Fazer parte de algo muito maior:
a amizade, o companheirismo e o cuidado

Trocas de olhares,
Permitem economizar as palavras e
dizem bem mais do que se poderia pronunciar
o ouvido clama pelo som
mas a voz vem de dentro do coração

O que expressa
é uma mistura de razão e emoção
de matéria e alma
que não é visto de forma tão clara aos espectadores
sou o que sou, mas não exatamente o que veem ou pensam
sou as expressões do meu coração

CONTRADIÇÕES

Vejo e sinto
Ouço e canto
Floresço e me desmancho

Sonho e me desperto
Apareço e me escondo

Respiro esse ar pesado e incerto
acelerando lentamente
em contradições

Desconheço o real motivo
por trás de todos os meus sentimentos
mas na medida do possível, tento
E tentando me reencontrar,
me perco.

TEMPO

O tempo passa
e o que se foi vai ficando para trás,
coisas novas tomam seu lugar
e o que aconteceu permanece
apenas na memória.

Há coisas que se tornam irreconhecíveis,
e que mudam sua essência.
Há amizades que se vão,
esquecidas de serem cultivadas.

Há algo que simplesmente provoca a mudança
E quando tempo e espaço se reencontram
já não estão na mesma sintonia

Há coisas que são perdidas
porque perderam o seu valor,
ou já não pertencem mais àquele momento

O poder transformador do tempo
que ao mesmo instante
que promove tantos recomeços
permite que o fim se despeça
do que não cabe mais aqui

Assim aos poucos,
a transformação se inicia
o passado vai ficando para trás
e no horizonte há um futuro
de oportunidades a se vivenciar

MINA DE OURO

Você sabe qual é a minha mina de ouro?
Não, não é o ouro propriamente dito
Nem a prata
Nem qualquer pedra preciosa
Não é seu status
Nem aparência
Mas sabe aquela luz?
Não?
A que ilumina o meu caminho,
É essa a minha mina de ouro
É o seu coração por inteiro
E não sua metade
É a bondade
É a compaixão
É o cuidado
É o seu amor

ANTIGO EU

Céu azul amanheceu
o mesmo eu

Olhos se abrem
Ouvidos escutam
E os pés caminham
mesmo sem saber por onde

Caminhando pela estrada
sem enxergar quase nada
Em meio a tanta confusão
Os dias começam e de repente se vão

Segue o dia
Ao imaginar
O que se foi
E o que se deixou para trás

Mais uma vez tentando entender
O que a vida está querendo me dizer
Se é que há algo subentendido
Nos passos incertos
Do meu antigo eu

AZUL COMO O MAR

Dias mais azuis
Azuis como o mar
Dias para viver e sonhar

Dias em que as nuvens
Sejam feitas de algodão
E os raios de sol brilhem
para anunciar a chegada do verão

Labirintos de flores
E brisa fresca
Que mova os cabelos
Retirando de mim todos os meus anseios

Por dias mais azuis
Que tragam paz e esperança,
Boas lembranças
E motivos para sorrir

PARTE 2

DESCOBRINDO O QUE ESTÁ ALÉM

ONDE FOI PARAR A VIDA?

Viver é a arte de saber aproveitar
o instante que passa para além do olhar
Viver é acordar, levantar e ir adiante

E vivendo se descobre as insignificâncias
significantes da vida
A suavidade com que tudo muda depressa
O duradouro instante que se despede
brevemente a vida eterna

BUSQUE-O

Há algo adiante,
que está tão próximo quanto o vento
tocando nos fios do seu cabelo,
quanto as gotas de água
escorrendo sob sua pele.

Há algo que te move,
que te inspira a ir além,
que te dá asas para voar e
ser quem você é.

Há algo que faz seus olhos
brilharem de esperança,
como o sol irradiando sua luz
ao amanhecer.

Há algo que engrandece a sua alma,
que não há em lugar algum.
Esse algo faz parte da sua essência,
Busque-o.

OLHOS ATENTOS

A vida já não parece assim tão vazia
Os dias se enchem de planos e tarefas
A engrenagem da mente sempre em movimento
Sem querer parar
Tudo se passa e os olhos tentam acompanhar
Já não importa o que passou porque o amanhã traz descobertas
E quem sabe o que vai dar?

Ouço os sons dos meus passos ao caminhar
As vozes falando aquilo que talvez não devesse me importar
Mas o meu ouvido capta o murmúrio
e o som atravessa sem saber por onde ir
vago então no meu subconsciente

Deixo- me envolver com o presente
emoções à flor da pele e
faces que marcam os dias
com olhares que sempre me lembram alguém

Os ponteiros girando em ângulos quase perfeitos
Porque se distorcem à minha visão
As portas se abrindo e fechando
Com a batida do meu coração

As ruas da cidade velha
parecem se mover
enquanto passa a multidão,
mas o chão parece não querer sair
do lugar onde está desde então

O dia quase terminando
E meus olhos não querem fechar
Há mais vida para se viver
Muito mais do que hei de acompanhar
Por isso que me despeço
Já que em outro sonho ei embarcar

MENTES PENSANTES

Penso, penso, penso
E esqueço, e esqueço
Vejo, observo, percebo
O tudo e o mundo

O que será que há além?
Além de mim e de você?
Além de tudo que eu vejo?
Há tanta coisa fora de alcance
Esperando para ser descoberta

Retorno meus pensamentos
E eles me levam a lugares distantes
O tempo já não tem importância
A mente então, me conduz
E o que sinto, mesmo que passageiro
É o que fica

E entre a realidade e a ilusão
Encontram-se labirintos indecifráveis
Confusos e, que parecem levar a um mesmo destino final
A dúvida toma lugar e a própria existência é questionada

DIAS COMO ONTEM

Lembranças de momentos especiais
São tudo o que mais se quer guardar
Ter um pedaço de cada ser que fez sorrir
Lembrar, recordar e viver

Do mais singelo sorriso de bom dia,
Abraços carinhosos,
risadas que fazem a maçã do rosto corar

Dias memoráveis com instantes duradouros
que marcam o tempo como algo que vai muito mais além
do que esperar passar

Dias como o de ontem,
dias comuns com seus desafios a serem superados
mas que se vistos por outro lado
tornam-se aprendizado

ENCONTROS AO ACASO

Andam por aí
Com pressa nem veem uns aos outros
Até que em um momento
Deparam-se com um choque de realidade

Um desconhecido chega e diz algo sobre fé,
Respeito e esperança
Essa simples conversa ao acaso
Balança a mente que começa a pensar
E o consequente atraso é deixado para lá

IR E VIR

Tudo acontece em seu ritmo
É a batida que move,
Os pés que tentam acompanhar
E a música que começa a tocar.

As estrelas que piscam
E brilham no céu
As luzes que incendeiam
Em um pedaço de papel.

Os dias que passam
O vento que se deixa voar.
As asas se movendo
E o mundo continua a girar.

As flores florescem,
As ondas do mar oscilam
A chuva se deixa cair,
Em um ir e vir de vida
Que não acaba por aqui

EIS UM POEMA

Estou dormindo
Mas eis então que acordo
Começo a pensar
As palavras vão se juntando até rimar
Será que é mais um poema que se acaba de formar?

Me vejo sorrindo
Com as simples letras
Que reunidas expressam algo maior
Ou melhor, me expressam
Dizem muito mais do que conseguiria me recordar
E então terminando de escrever
Retorno a dormir

ROUXINOL

No meio da tarde
se ouve a batida do coração
quase sussurrando a solidão,
o silêncio do quarto
e o vazio do peito

de longe se ouve
o cantar do rouxinol
o dia segue
e logo anoitece

Não demora muito
e os pensamentos se aceleram
Pouco a pouco
a respiração se acalma
e adormece

O POUSO DE UM SABIÁ

Quando a mente divaga
pelos cantos de cada esquina,
e de longe se avista
a manhã que se inicia,
ruas vazias
mas o céu parece estar acordado

A avenida percorre
a distância que
os olhos não alcançam,
mas de perto se vê
o pouso singelo
na placa de proibido estacionar

O sabiá que ali se encontra,
permanece por um segundo ou dois
como se brincasse com a ideia
de que devesse "estacionar"
por um tempo

Então, se vai
voando por outros cantos
e os pés percebem

que pararam ao observar
o instante pelo qual durou
o pouso de um sabiá

RAIAR DO DIA

A mente que acredita no que não vê,
desperta emoção com o amanhecer.
Tudo se torna sensível
com as luzes do raiar do dia.

Levanta a alma que canta,
com o som do pássaro na janela.
Eis então que se reencontram,
a moça e a manhã.

E SE ELA TIVESSE ASAS PARA VOAR?

Quem sabe o que seria de um passarinho sem asas?
De um leão sem juba?
De um peixe sem nadadeiras?
E de uma tartaruga sem casco?

Mas ela sabe o que seria
Se tivesse asas para voar
Nos topos mais azuis do céu
Estaria lá

Em um encontro perfeito
Para matar a saudade
Do seu passarinho
Em meio às nuvens

Diria o quanto ele faz falta
Olharia mais uma vez em seus olhos
Profundos e brilhantes
E então dada a hora
Voaria para a vida

MANHÃ

O som do vento na vidraça da janela
A brisa leve que ultrapassa a superfície da pele
Raio de sol que adentra em cada fresta
Há quem diz que não há manhã mais bela

O singelo perfume do amanhecer
Do campo fresco e das flores no jardim
A luz ao raiar do dia ilumina o que está por perto
E distante de tudo, o horizonte e o mundo

CAMINHO

A pressa de encontrar
A vontade de acelerar
E pular etapas
Como se o recomeço
Não dependesse de cada segundo

A vida vivida com os pés no chão
Sem asas que o movimentam
A razão comanda o pensamento
E machuca menos o coração

E quem dera fosse tão fácil
Deixar de se conduzir pela emoção

Talvez o caminho
Esteja logo ali
No meio termo
Entre um e outro

No espaço de tempo que há
No galho da flor com espinho
Na beleza da imperfeição
No voo para alcançar a eternidade

O DESABROCHAR DA FLOR

Há uma flor no jardim
Com um perfume encantador
Embeleza todo o canteiro
Com a delicadeza que existe no seu desabrochar

Suas pétalas se movem
Expandindo o espaço ao seu redor
Em sincronia e com a paciência
De se confiar no processo

Se observa aos poucos
O entreabrir singelo
A essência de florir
Faça chuva ou faça sol

O desabrochar que liberta
Em contrapartida da retenção
Do período inicial de germinação

A cautela de uma flor
Que aguarda as suas fases
Para se desenvolver
E finalmente florescer

PARTE 3

DE VOLTA AO NINHO

DOMINÓ

Não me recordo a primeira vez
em que vi um jogo de dominó
mas sim, me lembro
do barulho das pedras na mesa

Me lembro de vovô
me deixar usar a caixinha do jogo
para colocar minhas pedras
quando minhas mãos eram pequenas demais
para segurá-las sem deixar cair

Eram tardes aprendendo
a arte de brincar com vovô
e em suas táticas e jogadas infalíveis
ele ganhava mais uma vez

O tempo parecia não passar
a cada nova rodada
que me propunha a embaralhar as pedras
e jogar dominó

Mas com o tempo fui aprendendo
e comecei a ganhar algumas partidas também
nas festas e almoços em família
formávamos uma bela dupla

Não era apenas um jogo,
eram momentos ao seu lado
e por isso
há dias em que tudo que eu mais queria
era só mais uma partida de dominó

A MORENINHA LINDA

O rádio tocava Tonico e Tinoco,
e as tardes se moviam ao som da moda de viola

Na cadeira de madeira se encontrava
com os cambitos esticados no banquinho

Me recordo da música moreninha linda
e de uma história que vovó
me contou certo dia

Ela me disse vovô,
que o senhor escrevia cartas para ela
quando vocês namoraram a distância

Em cada envelope enviado
havia uma pétala da rosa que ela lhe deu

Ela era a sua moreninha linda, não é vovô?

LEMBRANÇAS

Ainda sinto o cheiro de infância
o cheiro do tempero do vovô
que ultrapassava cada fresta da janela

O cuidado que ele tinha
com cada coisa que fazia
lá se ia com seu baldinho
descascar o alho

Parece que ainda escuto
a sua voz me chamando de benzinho
e vejo suas pernas cruzadas na cadeira
a cada fim de tarde corriqueira

Me lembro das broncas e caretas
ao me ver subir na árvore,
ou quando aparecia com merthiolate
escorrendo pelas feridas da canela

Tantas histórias
e momentos marcantes
era realmente um ser cativante
e assim, em lembranças,
ele vive dentro de mim

MEMÓRIA A SE RECORDAR

Sentia tudo em demasia
Saudade das noites tranquilas
Das rimas leves
Dos versos leves
Da mente vazia

Respirava o sabor do mundo
Caminhava sob as melodias das avenidas
Vibrava o calor da poesia

Era sombra de árvore na tarde de verão
Brisa fresca do mar
Onda serena do Guarujá

Era lua e sol
Noite e dia

Era estrela cadente no anoitecer
Tarde de garoa com arco-íris no céu

Era ipê amarelo a colorir no jardim
Aroma de hortelã e perfume de jasmim

Era tudo e um pouco mais
E agora é memória a se recordar

SEMENTE

Vi você pegar as mudinhas
Criar novos canteiros
Adubar a terra
E regar a horta por inteiro

Vi você cuidar da praça
Varrer para além da sua calçada
Pintar bancos
E adotar uma galinha

Vi você cuidar dos quatro gatinhos
Que apareceram atrás da máquina de lavar
E deixar com que chamássemos
De arroz, feijão, batata e macarrão

Vi você se orgulhar e sorrir
Das suas verduras orgânicas
E repartir com a vizinhança
Amor e sabedoria

Ai você plantar a semente
De bondade e cuidado
Enraizar corações
E fazer brotar lindos momentos

Vi você
E em tudo que semeava
Havia amor

DESPEDIDA

Algo em mim sabia que não haveriam próximos dias
algo em mim sabia que ele não estava mais ali
mas segurava sua mão
como se estivesse pedindo
que voltasse para mim
Um dia antes do seu voo
24 horas
horas
24
instantes

O dia amanheceu
não tardou para a sirene tocar
e parar na porta

Meu corpo paralisado
tentando entender cada movimento
homens o levando tão frágil em uma maca
e meus olhos tentando acompanhar

Meus pés alcançaram o portão
e foi então que percebi
não havia me despedido

Ainda em estado de confusão,
sussurrei "eu não disse tchau para o vovô"
foi então que ela me segurou no braço
e pediu para que esperassem

Dei um beijo em sua testa,
disse "tchau vovô, te amo"
e foi então que a porta se fechou

PASSARINHO

Passarinho aprende que não é fácil
aceitar a sua fragilidade
Ao tentar voar contra a ventania
Ao abrir as asas ao raiar do dia
Ao ciscar cada grão um por um

Passarinho sabe que a vida de verdade
se vive com intensidade
Peito aberto e alma leve

Passarinho reconhece o tempo
Espera a chuva cair
Aguarda a asa cicatrizar
E não desiste de tentar voar

Passarinho canta quando está feliz
E carrega o silêncio nos dias ruins

Passarinho
Segue em frente e
Voa

PÁSSAROS NÃO PODEM VOAR SOZINHOS

Cada passarinho traz consigo uma infinitude
Cada passarinho traz consigo outro passarinho
Cada passarinho deixou seu ninho
Cada passarinho aprendeu a voar

Pássaros não podem voar sozinhos
Voam, mas levam consigo tudo
E o peso do mundo
Na leve brisa do vento das nuvens

A ÚLTIMA MEIA-NOITE

Eu estava lavando a louça na cozinha
e minha irmã me ajudava
Era véspera de Natal
e na casa da vovó estava reunida minha família

A ceia já havia terminado
E estávamos esperando os fogos
Brilharem pelo céu
Mas ninguém tinha noção de qual seria o desfecho da noite

Parei a louça na metade
Ainda em devaneio
Sem saber se era realmente verdade
Uma ligação fez com que tudo virasse de cabeça para baixo

Comecei a chorar,
e a meia-noite anunciou
o voo do meu passarinho pelo céu

MEU PASSARINHO

Você voou para longe
Muito além do que eu possa imaginar
Não sei para onde
Mas às vezes queria te acompanhar

Ainda te ouço nas melodias
Te vejo no florescer das flores no jardim
E te escuto quando meu mundo parece parar
Sei que você é minha companhia
Quando sinto o ar a me abraçar

Meu passarinho
dói demais não olhar nos seus olhinhos
não ver aquele brilho
aquela mistura de verde
com o azul do mar

O tempo me consola,
mas também me faz esquecer
até das coisas que eu mais queria lembrar.
Que saudade de mexer nos fios de seus cabelos,
de te abraçar no fim de tarde
e ouvir as suas histórias

Só queria dizer que sei que
não estou sozinha,
pois eu também sou passarinho.
E se tem algo que aprendi com você,
é que os pássaros não podem voar sozinhos.

MEU PASSARINHO
VOVÔ ADALBERTO